NAPOLÉON

N'EST PAS MORT,

OU

LA CONTEMPORAINE SUR LA COLONNE DE LA PLACE VENDOME,

IMPROVISATION
SUIVIE D'UN CHANT DE GUERRE SUR L'ITALIE,

PAR JEAN-BAPTISTE PICQUET, DU JURA,
AUTEUR DE PLUSIEURS OUVRAGES.

> Ε'πειδὰν ἅπαντα ἀκούσητε, κρίνατε, καὶ μὴ πρότερον προλαμβάνετε. (*Démosthène.*)

> Quomodò lucem diemque omnibus hominibus, ita omnes terras fortibus viris natura aperuit. (*Tacite.*)

A LYON,
CHEZ LES PRINCIPAUX LIBRAIRES.

1832.

Aux Officiers et Chevaliers de la Légion-d'Honneur,
Décorés par Napoléon.

L'étoile des guerriers, l'étoile de l'honneur,
Tous ces blasons fameux, gravés en cicatrices,
Sont de nobles témoins de vos nobles services,
Et vous lèguent ici l'hommage de mon cœur.

LA CONTEMPORAINE.

Le jour néfaste où l'impitoyable génie de l'Angleterre, debout sur le tillac du *Bellerophon*, donna, au bruit des chaînes, fournies dans la fureur des nations, rivées par sa main sanglante, le signal du départ, et entraîna vers les sombres rochers de l'île Sainte-Hélène, l'immortel captif de l'Europe; ma Contemporaine naguère brillante des attraits de la beauté, de l'éclat des talens, au milieu de ces fêtes qui, des Tuileries annonçaient à la France une victoire ajoutée à tant d'autres victoires, avait salué d'un adieu solennel, les grandeurs d'ici-bas. Subjuguée par l'influence d'une mélancolie aussi profonde que l'ame de celui qui en était l'objet, aussi lugubre que sa destinée; ne retrouvant un éclair de bonheur que dans la jouissance de ses hautes pensées, ou dans ce qui répondait à leur sympathie; après avoir sacrifié aux souvenirs du grand homme, les atours de la naissance, de la fortune, pour ensevelir les charmes d'une angélique beauté, sous le capuchon du pélerin, silencieuse, semblable à un transfuge de l'autre monde, elle traversait la foule agitée des hommes, seulement attentive lorsqu'elle rencontrait quelques bouches, échos des sentimens de sa noble tristesse.

Il y avait chez la Contemporaine un mépris continuel de tout ce qui a rapport à la fragilité des choses de ce val de douleurs, comme si elle eût déjà essuyé ce qui pouvait survenir de pire. Ne vivant plus par elle-même, mais devenant une partie des nombreux objets qui parlaient de Napoléon, elle réduisait à sa juste valeur, ce monde, *desert populeux*, lieu d'épreuves et de larmes, où les grandes souffrances morales nous font mépriser ces liens d'argile de notre être captif. Pour lui aider à passer des jours désormais sans espérance, il ne lui restait que des souvenirs dont les songes chéris, semblables à ces sources saumâtres du désert que le voyageur trouve encore douces, exerçaient sur son cœur une puissance irrésistible, et rejetaient la vertu des ondes du Léthé.

Oui, répétait souvent son cœur si brisé, qu'il n'aurait plus eu la force d'inspirer à ses lèvres le désir de s'approcher encore de la coupe enchanteresse; oui, l'amour me fut si doux sur la terre que je ne désirerais rien de plus dans le ciel. L'amour est une clarté céleste, une étincelle de ce feu immortel que nous partageons avec les anges, et que le créateur nous donna afin de détacher nos désirs de la terre. C'est un sentiment qui nous vient de la divinité, pour détruire toutes nos pensées vulgaires; c'est un rayon de celui qui a tout créé, une auréole brillante qui couronne le cœur. (1)

Mais l'amour, quoiqu'on aurait pu la confondre avec la mère de l'amour, l'ambition qui devient à l'homme ce que les ailes sont à l'oiseau, étaient incapables de la rendre de nouveau sensible au vain bourdonnement d'une réputation momentanée, et de la ramener au milieu des tourbillons de la frivolité, images de ces atômes légers qu'un courant d'air agite dans nos plaines.

Aux grands jours de l'empire, l'étoile de l'honneur brillait sur sa poitrine, et effaçait, chez une femme, les ornemens de la beauté. En la voyant, chacun se demandait à l'envi, de quel genre de mérite cet insigne fameux était la récompense. La gloire l'apprit bientôt par l'entremise de la renommée. On fut surpris d'entendre dire alors, que, nouvelle Clorinde, la Contemporaine enflammée par le lustre des lauriers qui rayonnaient sur le front de tous les officiers

(1) L. B.....

de l'état-major, dont elle faisait l'enchantement, avait, sous le costume d'un capitaine de hussards, conduit, le jour d'une mémorable bataille, un escadron à la victoire qu'elle avait scellée de son sang, et que la main de l'empereur même avait attaché sur son sein la décoration des braves. Mais, après le départ de Rochefort, la tristesse lui fit sentir le besoin de le rendre invisible à tous les yeux, en le rapprochant de son cœur, comme l'effigie de celui qui lui fut le plus cher.

Depuis quinze automnes, forte d'une trempe d'ame au dessus de son sexe, elle parcourait les cités, les campagnes. Partout au grand nom de Napoléon, la lyre, le burin de l'histoire, la voix des orateurs, la toile, le marbre témoignaient, dans un élan inexprimable d'enthousiasme et d'efforts, du grandiose d'une gloire passée.

Excepté ceux qui avaient des regrets à donner à la tyrannie de l'autel et d'une chimérique noblesse, de nombreux Français se montraient incrédules, au récit du trépas de Napoléon. Il semblait, à l'opiniâtreté de leur croyance, que la mort, armée de toute sa force, n'avait pu trancher des jours si pleins de gloire : tant l'ascendant d'un génie supérieur est puissant sur le cœur des mortels qui se plaisent quelquefois à le placer au dessus de la sphère de la nature humaine. Ici, bercé par les rêves de l'illusion, l'esprit toujours préoccupé des victoires du passé, vide d'un présent de honteuses génuflexions et *de l'idolâtrie du veau d'or*, on voyait sur la mer une nef orgueilleuse de rapporter au territoire français le grand capitaine accompagné de grenadiers blanchis sous la mitraille et les sabres croisés de l'ennemi; là, c'était un homme entouré du mystère, sondant les intentions de la France, épiant le moment propice de l'exécution, comprimant avec peine l'impatience de ses taciturnes guerriers, dont le courage honteux de languir sans honneurs, allait réédifier un trône et rendre la foudre à l'aigle des Français. L'attente même qui refroidit les sentimens, ne faisait qu'ajouter à l'ardeur de ceux-ci.

Trop sûre, pour son malheur, d'une vérité exprimée par le cyprès de Ste-Hélène, d'une vérité tellement empreinte en caractères horribles, sur les rocs de cette île, que la criminelle Albion ne pourrait laver l'opprobre qui en découle, avec toute l'onde de l'océan, la Contemporaine, cependant, à tant de souvenirs, sentait descendre dans son cœur le baume de cette consolation qu'on accueille avec plus de délices, quand l'habitude de la mélancolie nous a fait une loi exclusive du silence.

Sur le point de mettre un terme à son pélerinage, et d'aller, anachorète de quelque endroit éloigné, se recueillir toute entière dans la méditation de l'inconstante fortune et des arrêts de la fatalité; un jour de l'an deuxième de ce changement politique qu'on a bien voulu appeler *regeneration de la France*, elle entendit sur le forum parisien, une explosion de murmures terminée par ces mots : Napoléon ! Honneur français ! La foule se grossissait de nouveaux flots, tourbillonnait au gré de son impatience, se pressait contre le piedestal de la colonne, tandis que mille bouches ouvertes par l'admiration, à la vue des aigles et des trophées, trouvaient un charme inexprimable à répéter que Napoléon, chargé de tant de lauriers, n'avait pu descendre dans la tombe.

A ces cris si sympathiques pour ma Contemporaine, elle s'élance vers le monument fameux, en franchit les degrés d'un pas précipité, paraît sur le chapiteau, abat son capuchon, laisse voir une face céleste, une chevelure ondoyante de ses boucles dorées, et l'œil en feu, le geste animé, termine par cette improvisation les angoisses de son pélerinage.

NAPOLÉON

N'EST PAS MORT,

OU

LA CONTEMPORAINE

SUR LA COLONNE DE LA PLACE VENDOME.

C'est ici, c'est du haut de ce trône de la victoire, qui surpasse autant en splendeur les monumens élevés par les hommes, que Napoléon est au dessus des capitaines de tous les âges, qu'il convient à une bouche française d'exhumer les souvenirs du passé, source intarissable des entretiens présens, lumineux flambeau de l'ame, de l'esprit et du cœur. Salut! gloire éternelle au peuple de vainqueurs! salut à Napoléon! Que dis-je? .O fatale vérité! ne dois-je pas plutôt évoquer une ombre? Mais, quand une tombe lointaine, solitaire, reléguée dans un coin de rocher vomi par l'Océan, est devenue, malgré le vide de l'espace, le rendez-vous de toute une génération; quand, depuis onze printemps, les cent trompettes de la renommée, debout au milieu des cyprès, n'ont encore pu nous publier tous les actes de la valeur ; quand le génie, le sublime caractère, la prodigieuse activité du grand homme font l'incurable besoin d'un présent réprouvé, corrompu par l'or, épouvanté par la gloire ; quand la pensée, incomparable image représente à chaque instant de la durée, ce héros domptant sur les champs de bataille, les légions de vingt peuples conjurés, comptant des rois parmi ses courtisans, faisant dans leurs palais une halte de victoire, éclipsant leurs diadèmes d'un reflet de son épée ; quand ce seul nom de Napoléon ébranlerait des armées, les rendrait invincibles ; quand il est présent partout, qu'il occupe et les cœurs et les lieux, n'allons pas parler de la mort : jamais la vie ne fut plus palpitante d'énergie, d'émotions, ne commanda plus d'enthousiasme et de sympathie.

Général, consul, empereur, législateur, homme d'état, effroi de l'Europe trop petite pour son ambition, ou monarque déchu, emprisonné par les immenses barrières de de Neptune, c'est lui, c'est toujours lui qui, du nord au midi de la France, marche escorté d'innombrables souvenirs, pareil à ces dieux jadis descendus sur la terre, et dont on n'était pas libre d'oublier la majesté. Ces hommages, ce culte, entraînement de la pensée, cet encens brûlé à l'autel de la reconnaissance, par l'inspiration des souvenirs, voila le tribut impérissable que le peuple le plus grand renouvelle dans le temple de l'immortalité.

Fils des conquérans du monde, aiglons impatiens d'essayer le vol de vos devanciers dans les plaines de l'Ether, ames patriotiquement brûlantes de croiser le fer d'un intrépide courage, avec les Prussiens, infâmes bourreaux des mourans, avec les lâches de la Saxe, qui trouvèrent dans le volte-face de la fuite le guet-à-pens de leurs alliés, avec les Anglais irréconciliables ennemis, dont l'orgueil se complait à agiter leur vénale portion des anneaux brisés de la chaîne du globe, Français, grandis depuis le jour immortel des Thermopyles du mont Saint-Jean, c'est pour vos cœurs que mes paroles auront du retentissement : *Il y a de l'écho en France ; lorsqu'on parle d'honneur et de patrie.*

Les descendans de Napoléon, par Bellone et la victoire,

deviennent des hommes de feu devant la puissance des souvenirs. C'est à eux qu'il faut demander, si la vie des héros est tributaire du trépas. Ils répondront que Napoléon ne fut jamais plus grand, que depuis qu'il n'est plus, et que de l'heure de sa mort date le commencement d'une existence d'où les cœurs français exploitent comme d'une mine inépuisable, les trésors de la véritable grandeur.

Cette vie qui jaillit en gerbes de lumières de ses innombrables souvenirs, vous la sentez dans vos cœurs, aussi étonnement frappante, que celle dont il jouissait à l'époque où il faisait tourner le monde, au signal de son epée. Tant de souvenirs vous serviraient, au besoin, pour soulever la France avec ce levier dont parlait Archimède. Voudriez-vous voir surgir les légions de Cadmus, parlez seulement de Napoléon; voudriez-vous d'une main toucher l'Orient, de l'autre l'Occident, porté sur le quadrige de la victoire, gravez sur vos drapeaux le nom de Napoléon. Alors la France ne paraîtrait plus la Niobée des nations, ne verrait plus son honneur mis à l'enchère par Crésus, acheté par Alaric, Genséric, Atilla et Odoacre; ne ressemblerait plus, ainsi que le disait Démosthène au peuple Athénien, *à un gladiateur maladroit et pusillanime, qui, au lieu de parer et de riposter, perd son temps à porter la main tantôt sur une plaie, tantôt sur l'autre, à mesure qu'il les reçoit.* L'oiseau des batailles rentrerait *dans le secret des dieux*, au réveil et au sifflement de ce boulet invincible *qui fracassa vingt trônes à la fois.*

Aux souvenirs de Napoléon, on sent fermenter dans l'ame les plus belles inspirations. Le courage s'allume au feu du soleil de la gloire; il vole d'un pôle à l'autre, emporté par sa terrible rapidité, et laisse les peuples surpris de l'énigme de ses phénomènes. Que voyez-vous, Français, à travers le ravissement de vos souvenirs? Des phalanges invincibles, où la présence du grand homme fait autant de héros, qu'elles comptent de soldats, des champs de bataille, sur la poudre desquels la victoire trace, avec sa lance, le destin des royaumes et des empires; la France qui, fière des dépouilles opimes, étend sa main puissante vers le sceptre de l'univers, plus libre qu'elle ne le fut jamais, car l'indépendance d'une nation se fonde sur la suprématie de ses armes.

Il est tel, ce caractère français, type de tous les genres de grandeur, que, s'il s'indigne d'un présent, froid veuvage de jours fameux, il se replie, en quelque sorte, sur le passé, éprouvant le besoin d'envisager ce qu'il peut faire, par ce qu'il a déjà enfanté.

Trouveriez-vous dans l'histoire des peuples une divinité qui recueille des hommages plus sincères que les souvenirs de Napoléon ? Ils s'identifient avec la pensée, la font réagir sur tous les théâtres de cette gloire française, dont l'immense colosse reposait naguère un pied sur le Tibre, l'autre sur les rives de Jourdain. Dans l'extase des souvenirs, nous serions affligés, nous autres Français de nom et de caractère, de ne pas interroger chacun des jours de cette époque à laquelle nos soldats disaient en même temps qu'ils en donnaient la preuve, ainsi que les députés des Gaulois à Alexandre: *Nous ne craignons que la chûte du ciel.*

Il aurait une imagination ensevelie sous le triple airain d'un cœur bien glacial, celui qui, dans ce moment où nous revoyons par la pensée les génies de tant de victoires, ne pourrait ressusciter en lui la grandeur du passé.

Non, il n'est pas un jour plus solennel que celui, dans lequel les hommages du peuple, consacrés aux souvenirs de la gloire, s'élancent des cœurs en holocauste d'admiration. Après avoir compté, dans chaque page de l'histoire, autant de monumens nationaux, et avoir entendu retentir le nom de Napoléon sur le monde entier qui devient son mausolée, il faut que le chant de l'Apothéose, exprimé par le récit de ses batailles, aille avertir le cercle des demi-dieux, de voter le sceptre et le trône de la vaillance au conquérant qui doit régner sur eux, afin que la justice s'accomplisse, lorsqu'il pourra dire, de même que cette divinité des Chinois, en montrant d'une main le ciel, de l'autre la terre : *Je suis le seul digne d'être honore sur la terre et dans le ciel.*

A défaut de tous ces guerriers qui montent en spirale d'airain sur la colonne, et viennent, pour prix de leurs exploits, recueillir un regard du grand homme banni par le caméléon de la politique du marche-pied de sa gloire, que l'honneur ouvre devant moi les fastes éternels, que Clio dépositaire des faits d'armes, me lise des miracles, des prodiges de valeur. Point de cyprès et point de larmes. A chaque récit d'une vie si belle, c'est l'enthousiasme emportant sur ses ailes de feu, les cœurs dans l'arène des champs de bataille d'où l'honneur national sort plus superbe et plus radieux. Ici, l'enthousiasme va répandre plus que la vie, puisque, embrasant l'ame de ses élancemens électriques, il quadruple l'essor de ses facultés, et communique l'étincelle des brillantes actions.

Le néophyte de la gloire s'avance dans la lice des triomphes. Victoire! déjà victoire! semblable à un chef, l'orgueil de sa nation, surpris dans une embuscade dressée par la ruse, et que des soldats ivres d'un triomphe qu'ils n'auraient jamais dû à la pointe de leurs épées, vont traîner en esclavage, Toulon est au pouvoir des Anglais, des Espagnols et des Napolitains. Il a paru; son regard sillonne et le port et la rade; son génie calcule, dispose; sa voix commande; le Gibraltar effrayé ensevelit, sous ses bombes victorieuses, le drapeau des ennemis; Toulon recouvre la dignité française, tandis que Hood et ses coalisés, fuyant sur leurs vaisseaux, frémissent d'aller apprendre à l'Angleterre, que la proie la plus convoitée de la France, dans un instant s'est échappée de leurs mains.

Hercule des Français, il marche d'un pas rapide dans le cercle immense de ses travaux. Sa première victoire est un prodige, parce que son ame incompréhensible tend, par sa nature, à planer plus près de l'Olympe que des terrestres lieux. Le globe est le domaine de ses exploits; c'est une révélation qui lui a été faite par la gloire, et qui doit s'accomplir, à la face des hommes, ses admirateurs étonnés.

Les bataillons hérissés de remparts de baïonnettes, couverts de tourbillons de flammes et de fumée, ces colonnes de cavalerie que la terre tremble de supporter, quand la charge les ébranle et les déploie, ces citadelles orgueilleuses de recéler mille tonnerres, de surpasser le fracas des tempêtes, et de décocher le trépas à l'abri de murs élevés, les fleuves rapides, les mers dont l'œil se lasse de mesurer la dangereuse étendue, les montagnes sourcilleuses, limites, frontières des nations, ne sont que des obstacles impuissans au génie qui le dévore.

Cette république, qui fit tomber les sceptres des mains des despotes de l'univers, au seul nom de la liberté, compagne de l'homme en naissant, auguste fille de la nature, affranchit les nations esclaves, sonna l'agonie des oppresseurs avec des fers brisés, et les condamna à l'heure du pilori; cette république dont la voix magnanime proclamant le dogme le plus sacré, celui de la souveraineté du peuple, put faire surgir tant de Gracques et de Brutus; cette république, dominatrice fameuse des terres et des mers, qui vit dans les rois, des brigands titrés, servis par d'infâmes satellites, porta l'olive sous le chaume devenu des étables à parquer les humains, la flamme dans les palais, repaire affreux des crimes, communiqua à la pensée de l'homme un mouvement plus accéléré que celui de dix-huit siècles, surpassa en grandeur toute la Grèce, depuis les champs de Marathon, jusqu'aux champs de Mantinée, et la ville aux sept collines, depuis le dernier des Tarquins, jusqu'au premier des Césars; cette république que Fox osa appeler le monument le plus gigantesque, élevé par la main de l'homme; cette république hideuse harpie, fatale Némésis, lorsque de la pointe de sa lance, symbole d'une force abusive, elle indiquait la route de l'échafaud; vierge céleste, après le terme de ses fureurs, lorsque basée sur la représentation nationale, elle cessa d'être l'esclave de cet amas obscur de tribuns, de législateurs, de sénateurs; cette république lui ouvre le chemin de l'Italie, et met, sous la sauve-garde de son glaive, la gloire, le pouvoir, la liberté, incomparable trinité.

Point de cyprès et point de larmes. Ici, l'enthousiasme va répandre plus que la vie, puisque, embrasant l'ame de ses élancemens électriques, il quadruple l'essor de ses facultés, et communique l'étincelle des brillantes actions.

Si l'éloquence, femme majestueuse, la tête ceinte de son

diadème, tenant d'une main la foudre, de l'autre des fleurs, indiquant à ses pieds le caducée, symbole de la persuasion, paraissait devant moi, et remplissait mon cœur de ses transports divins; si les souvenirs de Bonaparte, pressés par le feu de mon imagination, s'échappaient comme un torrent en paroles caractéristiques, j'aurais à interroger chaque ville, chaque vallée, chaque hameau de l'Italie, irréfragables témoins de ses exploits, depuis les flots jaunâtres du Tibre, à la ville des Médicis, depuis le palais des Doria, à la reine de l'Adriatique.

Plutôt, puisque le phénomène des grandes journées est si plein de vie dans nos cœurs qui transmettent à nos yeux jusqu'au moindre trait de son visage, que ma bouche soit aussi rapide que ses triomphes.

Suivons l'éclair de la pensée, foyer brûlant, domaine impérissable, où toutes les sympathies ont buriné en lettres indestructibles le nom de Bonaparte dont la grandeur enflamme, domine le présent; traversons ces Alpes gigantesques, reines des montagnes, jadis menaçantes, périlleuses aux destins d'Annibal et de François Ier; dominons sur ces peuplades aux mœurs primitives, renfermées ainsi que des tombeaux dans les vallées des Appennins; partout, nous rencontrerons Bonaparte et la gloire.

Voilà Montenotte, Millesimo, Dego, le pont de Lodi, le pont d'Arcole. C'est lui! au milieu d'un brillant état-major, vous le distinguez à ces traits mâles et fiers, à ce regard imposant que nul ne peut soutenir, à ce geste impérieux qui veut que l'action soit aussi prompte que lui, à cette attitude majestueuse qui éclipse tout ce qui l'environne. L'Adige, du fond de ses eaux, tremble au bruit du tonnerre de l'artillerie. Défendu par une barrière de mitraille, ce pont d'Arcole paraît le théâtre de la mort. Bonaparte ne voit que l'honneur. Plus grand qu'Horatius et Bayard, il quitte la selle de son coursier, saisit un drapeau, s'élance à la tête des grenadiers, en leur criant: Suivez votre général.

Voici le plateau de Rivoli. Entendez le clairon dont les sons précipités appellent à la retraite les soldats épars et décimés d'Alvinzi. Voyez ce Joubert, la gloire de l'Ain, qui mourut du trépas d'Épaminondas. Intrépide dans la mêlée, oubliant par entraînement du courage ses prérogatives, après avoir perdu plusieurs chevaux blessés sous lui, un fusil à la main, à la tête des grenadiers, culbutant l'ennemi, s'emparant de ses canons, tandis que Mantoue, au dernier soupir, prépare le traité de Campo-Formio qui jette un poids si important dans la balance de la politique européenne.

A travers le prisme de la gloire, l'Orient déroule à nos yeux, son ciel embrasé, son air étincelant. Plus que jamais infatigable et impatient de former un héros sans rival, le Dieu de la guerre ouvre le vieux sol de l'Égypte aux légions de l'invincible Bonaparte. Veut-il seulement ajouter à ses trophées les palmes échappées, dans l'Inde, des mains du vainqueur de Darius, ou fonder sur le Nil, une colonie française qui tienne lieu des colonies d'Amérique, et nous assure tout le commerce de l'Orient, nous fraie le chemin des possessions anglaises? C'est là le secret de la victoire : elle en appelle à notre admiration; déjà ses bannières sont déployées. Assistons au drame le plus merveilleux des batailles, sur les débris de l'empire de Sésostris, berceau des superstitions anciennes et modernes, des sciences et des arts.

Son armée, harassée par une année de victoires pressées les unes sur les autres, au signal de l'attaque, emporte d'assaut la ville d'Alexandre, plante sur les minarets le drapeau tricolore, sublime arc-en-ciel de la liberté, et marche à de nouveaux exploits ainsi qu'aux jeux d'une fête.

Et la terre et le Nil bienfaiteur de l'Égypte, et le ciel et les monumens des vieux âges, la douce Oasis, le mirage enchanteur, resplendissent de majesté, frappent d'étonnement l'ame de nos soldats. Mais plus de merveilleux est au milieu de leurs phalanges que dans les objets du présent et les restes du passé. Recueillez-vous avec moi, dans le mystère de l'attention ; comptez les siècles accumulés sur la tombe colossale de Chéops; tâchez, si vous le pouvez, de tout sacrifier à la surprise que vous inspire ce monument d'une folle vanité; l'ascendant d'un homme immortel va tout vous faire oublier, et de tout ce qui se dispute votre admiration, il ne restera que sa gloire plus gigantesque que les pyramides.

Il a formé ses invincibles carrés, redoutes vivantes et terribles où le soldat paraît fixé au soldat par des chaînes de fer. Nouveau centaure, le Mameluck, au costume magnifique, aux armes brillantes, au coursier fougueux, a fait déborder les flots rapides et pressés d'une cavalerie nombreuse, qui viennent se briser contre les angles de nos carrés. La baïonnette, arme du sang froid et de l'intrépidité, dont Mars arme les mains des Français, pour rendre la mêlée plus sanglante et la victoire plus belle, arrête leur choc valeureux. Précipités de leurs coursiers aussi agiles que les vents, les Mamelucks meurent, en soulevant avec la pointe de leurs sabres impuissans dans la charge de la bataille, la poudre teinte de leur sang.

Du haut des pyramides quarante siècles applaudissent aux exploits des Français. Sur leurs sommets noircis, la victoire déploie ses ailes, et s'élance vers la Syrie. Elle laisse après elle une trace lumineuse, semblable à cette colonne de flammes qui jadis marcha devant les Hébreux. Ni le souffle fatal du Simoum, ni les ardeurs de la soif, ni le désert éclairé du feu de leurs bivouacs, ni la cohorte des pestiférés, conduite par *El-Modhi*, l'ange exterminateur, n'effraient les enfans de *Kébir*: ils savent que dans une immortelle journée, les échos d'un mont fameux doivent répéter leur hymne de gloire. Alors, ils auront tout fait plier sous leurs bannières, depuis la colonne de Pompée, l'obélisque de Cléopâtre, jusqu'à la cîme du Thabor.

Dix héros revivraient tout entiers dans le miracle de tels exploits. Ne nous étonnons pas si les cœurs français déifient Bonaparte, le rencontrent au moindre cliquetis des armes, font de sa personne une sorte de puissance, un génie mystérieux qui n'abandonna un instant les rives mortelles, que pour revenir, sous le prestige de l'inspiration, souffler plus d'enthousiasme, d'honneur et de majesté.

Vous inclinerez-vous devant les faisceaux du consul? Dites-moi, avant tout, qui les surmonta du bonnet de la liberté, et si un autre Publicola fit la loi de les baisser devant le peuple? La journée du dix-huit brumaire nous répond assez. Bonaparte, dans ces circonstances, aurait dû mieux comprendre ce décret solennel emprunté du sénat romain : *Les consuls prendront garde qu'il n'arrive quelque malheur à la république.* César franchit le Rubicon!

Qu'importe à ses destins. De nouveaux rayons partis du soleil de la gloire éblouiront les yeux, et sa main puissante osera même indiquer la statue de la liberté qu'il croira embellie de leur lumière. Les Alpes abaissées sous l'étendard tricolore, l'hydre de la Germanie abattue dans les plaines de Marengo, l'Italie reconquise au pas de charge, en faut-il davantage pour entourer sa personne du grandiose d'une inépuisable admiration?

Au bruit du char impérial se prépare l'apogée de la gloire. Elle est arrivée, cette ère cent fois immortelle, dont chaque jour sera au peuple français un jour de triomphe qui viendra s'inscrire dans ses annales, avec toute la magie des exploits.

Point de cyprès et point de larmes. Ici, l'enthousiasme va répandre plus que la vie, puisque, embrasant l'ame de ses élancemens électriques, il quadruple l'essor de ses facultés, et communique l'étincelle des brillantes actions.

Du séjour du tonnerre, l'oiseau de Jupiter est descendu sur le trône construit avec des trophées. Dans ses serres brille la foudre; dans ses yeux est un rayon du flambeau de la voûte céleste; dans ses ailes étendues et menaçantes on lit la belliqueuse impatience d'aller planer près des dieux. Prends ton vol, a dit Napoléon; précède mes phalanges, de même que le faucon dressé par le chasseur, et va m'attendre au champ d'Austerlitz. L'aigle s'élance, pousse un cri : c'est un cri d'heureuse augure, que les roulemens du tambour, les fanfares guerrières rendent plus imposant et plus solennel.

Nos légions infatigables marchent sous les enseignes déployées au signal du départ. Elles savent qu'elles doivent à l'empereur un sacre sous les feux du canon; que les balles ennemies serviront de sainte-ampoule; et qu'à la première des couronnes, il faut pour premier fleuron, la première des victoires.

En présence des enfans de Souvarow et des forces de la Germanie, Napoléon a arrêté ses soldats. Du haut de son bivouac, son coup d'œil pareil à l'éclair qui jaillit de la nue, trace les chemins de la victoire. Une teinte méditative, glorieuse émanation du génie, répand sur son visage le calme de la sérénité. A ses traits expressifs, ses lieutenans comprennent le prodige que doit enfanter le lendemain.

Et, comme si Bellone lui avait fait révélation, c'est sa garde surtout qu'il se plaît à contempler. Là, dans des rangs où le choix des costumes le cède au choix des hommes, il distingue, sous le haut bonnet à poils, le grenadier, Samson de l'armée, géant des combats, dont les traits brunis des reflets du soleil de plusieurs contrées, sont sillonnés par les armes ennemies; plus loin, c'est le cuirassier à l'armure romaine, le cuirassier au bras nerveux, au sabre pesant, qui s'élance au galop, à travers les balles sifflantes, fait replier des légions sur elles-mêmes, les culbute et les écharpe; près de lui, le hussard décoré d'une pelisse qui flotte au gré des vents, quand cavalier habile et valeureux, il part ainsi qu'un trait, pour tourner l'ennemi, le prendre entre deux feux, enlever ses drapeaux, et lui offrir ou la reddition ou la mort. Le soleil d'Austerlitz devait aussi se lever sur les fils des Sobieski et des Jagellon. Napoléon s'arrête devant eux, et d'un regard approbateur, il louange cette impatience de vaincre ou de mourir qu'il démêle dans leurs traits. Rangés sur une même ligne, les Polonais présentent une forêt de lances et de drapeaux. L'élégance de leurs casques pourprés et quadrangulaires, contraste admirablement avec l'attitude martiale de leurs escadrons. Qu'un ordre de leurs chefs les précipite sur l'ennemi, vous ne les trouverez jamais en mouvement rétrograde : Français du Nord, Français d'idées, d'opinions et de caractère, nobles émules de notre bravoure, ils ne savent que présenter la poitrine au danger, ne voyant devant eux que les barbares, en arrière que l'honneur, la gloire, le salut de leur patrie adoptive. Dans leur dévouement héroïque, s'ils peuvent sauver les jours d'un Français luttant contre dix à douze ennemis que le courage ne lui a pas permis de compter, les Polonais s'estiment heureux de mettre le sceau de la grandeur à la fraternité d'armes. Ils ont placé l'honneur dans leurs cœurs, la victoire au bout de leurs lances. Qu'ils triomphent ou qu'ils meurent, ils font retentir les airs de ce sublime *Te Deum:* Vive l'empereur!

Mais le canon tonne, et la garde d'Alexandre proclamée invincible, s'avance au pas de charge. Soudain Napoléon lui oppose sa garde impériale avec la confiance du succès. Au premier choc vous diriez deux lions s'attaquant avec une égale force, une égale fureur, une égale souplesse, avançant, reculant, se pressant, toujours animés d'une rage nouvelle. Le fer croise le fer; le terrain se dispute pied à pied; la blessure, si elle n'est pas mortelle, donne une ardeur plus impétueuse; le mourant n'abandonne ses armes, il combat encore, en rassemblant le reste de ses forces, jusqu'à ce que la mort les glace entre ses mains.

Du côté des Français, hommes d'airain, *colonnes de granit*, rochers inébranlables, les cris de: Vive l'empereur! décident la victoire. Les hordes du nord, les Kirgis, les Baskirs, les Kalmoucks tombent moissonnés par les bras de nos guerriers; à peine en reste-t-il, pour aller apprendre à leurs déserts, la honte d'une sanglante défaite, et leur dire, avec l'accent d'une terreur toujours présente, que la Russie et l'Autriche dorment foudroyées dans les champs d'Austerlitz.

Gloire à Napoléon! Gloire aux Français! long-temps encore marchant d'exploits en exploits, ils donneront au monde l'exemple de la valeur. Quand Iéna, Eylau, Friedland, Eckmühll, Essling, Wagram, champs immortels auront entendu le bruit de la chute des trônes de l'Europe, la victoire se sera lassée de les suivre, et la fortune *constante dans sa seule inconstance*, ne pourra les abattre qu'avec les élémens déchaînés, les frimats et la faim. La trahison même ajoutera à cette œuvre terrible, le secours de ses plus noirs suppôts. Le jour qu'elle préparera une défaite aussi belle qu'un triomphe, nous verrons tomber de nos mains le sceptre des nations. Chaque roi ressortant de la poussière, joindra un anneau à la chaîne de Sainte-Hélène; mais chaque peuple aura à trembler de ce nom qui, du fond de l'Afrique, sera encore aux Français le signal de la victoire, parce que toutes les nations sembleront ouir cette voix qui annonça l'arrivé de Brennus à Rome, et qui disait à Céditius au milieu de la nuit : « Céditius, va dire aux tribuns que les Gaulois seront demain ici. »

Interrompue par des salves spontanées de bravos, la Contemporaine, une main sur le cœur, en signe d'attendrissement, reste quelques minutes muette, aux cris de : Vive l'empereur! qui partent de tous côtés. Puis, ranimant et son geste et sa voix, elle ajoute ce qu'on va lire encore, en enchaînant de plus en plus l'attention.

« Français, il vous a donc laissé un patrimoine immortel, cet homme miraculeux dont la vie serait un problême, si, obligés de vous en rapporter à l'histoire seule, vous ne pouviez, vous, ses contemporeins, témoigner de la vérité. La vérité! elle est bien sublime et bien déplorable, du chêne de Brienne au Cyprès de Sainte-Hélène! Aussi par honneur, par sentiment national et par reconnaissance, nous légitimons la haine et la vengeance. Oui, au nom sacré de Napoléon, nous devons stigmatiser de toute l'opprobre de la haine, les Anglais ses infâmes bourreaux, en attendant que la vengeance, divinité tutélaire, efface par nos mains dans le palais de Windsor même, l'ignominie du plus criminel des attentats.

» La haine et la vengeance ainsi que l'admiration des souvenirs rappellent, parmi le peuple Francais, Napoléon à une vie si brûlante, que si nous la trouvons avec l'enthousiasme, au pied de la colonne, nous la rencontrons aussi à Sainte-Hélène, avec l'obligation de ne demander aux circonstances, que des Anglais et des épées. »

La foule ici s'écrie avec transport : Et son fils! et son fils! ne participera-t-il pas à la vengeance?

Le temps viendra où avec cet accent de profonde douleur de César, redemandant ses légions à Varus, le fils de Napoléon pourra demander compte aux Anglais de leur perfidie et de leur lâcheté. On raconte même ce que vous allez entendre :

La nuit avait étendu son voile sombre sur le palais de Schœnbrunn. Les sentinelles attentives, en compassant leurs pas dans l'ombre, ne marchaient point à la lueur du flambeau de Phébé. Elles auraient pu, à la profondeur du silence, recueillir l'harmonie des sphères, si le langage des cieux était compris des ames grossières. Seulement, par intervalle, lorsqu'elles relevaient la pointe de leurs blondes moustaches, leurs yeux se portaient sur une étoile éclatante, qu'elles auraient entre elles salué du nom de reine, sans la défense de la sévère consigne. C'était l'étoile dont l'éclat pâlit naguère sur les coupoles dorées de la ville des Czars. Étoile de la fatalité, depuis l'époque où Moscow devint le flambeau funèbre de tant de braves guerriers, une main infernale l'avait rendue invisible. Alors, sa réapparition était peut-être un emblême. Pour le percer, le duc de Reischtadt, préférant des veilles déjà fameuses aux langueurs du sommeil, avait quitté sa couche; et l'esprit préoccuppé des miracles de son père, ainsi que de la France sa patrie, il la contemplait avec tendresse et componction. Puis, (comme si, de l'urne de la destinée, il eût transpiré quelque chose jusqu'à lui) dans un mouvement d'impétuosité, soudain ébranlement de la douleur, il saisit son épée, l'épée même de son père, et sillonnant les ombres de cercles rapides et lumineux, il fulmine cette imprécation : « A mon père, à la violation des lois divines et humaines, à la plus cruelle des agonies je dois la vengeance : elle seule peut me rendre digne du nom de Napoléon. La foi punique des nations, l'or des Anglais mendié par les rois, m'ont proscrit dans ces lieux. C'est en vain que l'on cherche à me faire oublier la noblesse de mon sang et la couronne de Romulus déposée sur mon berceau.

» Né sur les bords de la Seine, exilé sur les bords du Danube, dans un palais qui ne fut jamais plus beau que quand deux fois, siége de brillantes conquêtes, il abrita mon père et ses guerriers ; je marche sur des trophées fameux ; je remue un prodige de chacun de mes pas, et je me trouve en Autriche au milieu de la France triomphante. En faut-il davantage pour me révéler mon origine. Les titres, les grandeurs de l'Allemagne ne sont pas ambitionnés par mon ame. Que servent les dignités à un proscrit ? Au titre de colonel allemand, je préfèrerais cent fois l'honneur d'être simple soldat dans les rangs de la France, ma patrie. On a dit que j'avais sucé la doctrine de Metternich ; mais qu'on sache que chez les ames bien nées, la patrie n'est pas un vain mot; que c'est un objet cher et présent auquel on est fixé par un lien de la nature.

» Ma patrie ! en fut-il jamais de plus belle ! si l'habitant voisin du pôle, languit quand on l'arrache à ses montagnes de glace ; si le nègre nu et haletant sous les feux de la ligne, verse des larmes, loin de ses sables brûlans et de l'onde tiède de ses fleuves ; si l'habitant de l'Idra et des bords rocailleux de l'Arno, transporté dans une contrée étrangère, regrette le sommeil qu'il goûtait sur l'âpre sommet de ses rochers ; que dois-je donc faire, moi, pauvre exilé, chez les ennemis de mon nom ? moi, qui devrait reposer sur le premier trône du monde, escorté des victoires de mon père, et noblement fier de ce j'aurai déjà pu tenter, pour me montrer digne, devant les Français, d'un sceptre incomparable et d'une couronne éclatante d'immortalité ?

» Ne croyez pas, Français, que les leçons de Metternich aient fait du fils de Napoléon, un machiavéliste germain : une secrète révélation me fit choisir l'histoire pour institutrice. Avec elle, j'ai vu l'Égypte et ses Ptolémées, l'Assyrie et Sémiramis, Cyrus et la Perse, les Tartares et Tamerlan, Odin recevant les guerriers morts les armes à la main dans le Walhalla et le Wingolf, la Russie et son Pierre-le-Grand, la Suède et son Charles XII, la Prusse et son Frédéric, la Pologne et tous ses héros, la Suisse et son Guillaume Tell, la Grèce et son Miltiade, Carthage et son Annibal, Rome et son Pompée, la France et son Napoléon. Mon cœur a bondi d'étonnement, s'est abîmé de douleur, parce que l'histoire ne lui donne point d'égal, et parce que son fils condamné aux rigueurs de l'exil, ne soupire qu'après le moment où il pourra s'élancer sur ses pas.

» Je sens que mon destin est attaché à la pointe de mon épée : je peux dire aussi, qu'il est écrit dans le souvenir de mon père, et que la cause de la vengeance léguée par les pères à leurs fils, finit toujours par triompher.

» Un jour, s'il en est ainsi, je veux que le sang retombe sur la tête des lâches Anglais, des lâches bourreaux; que chaque goutte enfante un remords aussi perçant que le poignard, aussi brûlant que le feu de l'enfer, qui les poursuive avant la mort, après la mort, jusqu'à ce que les cheveux de l'éternité blanchissent; qu'ils se débattent dans le cercle affreux des forfaits, ainsi que le scorpion dans le cercle de feu.»

Le fils de l'homme incompréhensible dans la profondeur de ses conceptions, le fils du brillant Météore dont la lumière passagère laisse encore les hommes éblouis, aurait-il deviné, par hasard, le mystère de sa destinée, et aperçu avec des yeux de lynx, derrière les nuages du temps, un sceptre, une couronne, un char de triomphe?

(Nouvelles salves de bravos.)

» Soldats de Napoléon, colonnes de son empire, vivantes histoires de ce grand capitaine! vous, dont le courage digne vengeur de la France, sans jamais tenir compte des périls, volait à la victoire, entre les feux de cent mille mousquets et la bombe qui retombant des régions du tonnerre, creusait une immense tombe; vous qui, dans les pompes triomphales, avez fait pâlir les empereurs et les rois vaincus, devant vos faces guerrières, armées de moustaches noircies par la fumée du canon; soldats de Napoléon, premiers soldats du monde, où est l'homme capable de nombrer tous les souvenirs que tant d'années de gloire ont laissés dans vos cœurs valeureux? Proclamez, à la face de la France, que l'armure de vos combats s'agite au nom de Napoléon; que vos glaives palpitent dans le fourreau; qu'à ce nom seul, les Français saisis d'un mouvement irrésistible, aiguiseraient leurs armes, et marcheraient bientôt à rangs pressés et invincibles sur les débris des trônes de l'Europe.

» Puisse votre voix, en redisant ces vérités nationales, gronder à nos oreilles, de même que la trompette qui donne le signal au guerrier, de même que le tonnerre qui trouble le sommeil du lâche! Vous le savez, héros fameux, devant la gloire de Napoléon s'est brisée la puissance de la mort: l'immortalité, jeune vierge couronnée de lauriers, la palme à la main, nous rappelle tant de souvenirs que, sous la tutelle d'un grand nom, nous nous croyons encore au chemin du Capitole.

» Quelle est admirable la gloire, quand elle rejaillit sur tout un peuple! C'est en vain que le temps promène sa faux destructrice, que les générations moissonnées disparaissent; la gloire commande au temps, et les siècles soumis à son empire, en tombant dans l'abîme du passé, augmentent son éclat et ses charmes.

» La gloire de Napoléon, semblable à un talisman magique, est le centre de toutes les sympathies. Elle domine du faîte de toutes les gloires sur la vie des héros et des conquérans. Le Capitole n'ose lui opposer aucun de ses triomphateurs; les grandes ombres du Céramique se prosternent devant sa majesté. C'est une reine toujours plus belle, toujours plus attachante, dont la langue humaine ne peut qu'imparfaitement exprimer la parure. Le peuple qu'il décora du nom de grande nation, sous le baptême de la victoire, a reconstruit son trône dans tous les cœurs. Depuis l'humble chaume, jusqu'aux lambris dorés de l'opulence, le nom de Napoléon trouve de l'écho chez tous les hommes. C'est que, sous son règne, le privilége des castes était méconnu; c'est qu'il pesait lui-même les hommes dans la balance, et qu'on ne commettait pas le crime de lèze-nation qui repousse le mérite et jette sur lui le voile d'une ministérielle obscurité.

» Pour le peuple, la gloire et le génie n'eurent point *leur Prométhée*; il ne fut point *de cancer politique;* il n'est point de tombeau à Sainte-Hélène. Chez le peuple, de Calais aux Pyrénées, du Rhin au Finistère, Napoléon est un voyageur que l'invincible fatalité retient sur des plages lointaines, jusqu'à ce que renonçant à ses rigueurs, elle lui fasse retrouver la foudre d'un *Jupiter tonnant*, le rende à l'amour des Français dont il sut si bien captiver le caractère belliqueux, en promenant leurs armes victorieuses sur le globe entier, en faisant servir la tête des rois de marche-pied à sa gloire, et en traçant leurs frontières avec la pointe de son épée. L'enthousiasme de l'ivresse, l'indiscible impatience du retour trouvent partout Napoléon, vivante idole affranchie des lois du destin, suivie de son immense cortége de grandes actions, de grands établissemens, de vastes idées, de puissance inouie et d'incroyables succès.

» S'il en était autrement, pensez-vous bien que ses adorateurs laisseraient impuni le hourra anti-national de ces tribuns, de ces sénateurs, organes du congrès de Vienne, du conseil de Gand, qui se permirent de disposer du sceptre du grand homme abattu, dans l'orgueilleuse et sotte pensée de le faire descendre du premier rang, parmi les hommes, pour n'avoir pas opposé aux élémens le pouvoir d'un dieu, et qu'ils verraient, d'un œil impassible, peser encore la haine des Anglais sur ses cendres prisonnières? »

L'ITALIE.

Bardit.

Air de la Varsovienne.

La Liberté n'a jamais de cercueil,
Lorsqu'un grand peuple a dérouillé sa lance.
S'ils ne sont plus, marchons avec orgueil,
Sur leurs tombeaux nous attend la vengeance.
Courage, mes amis, c'est elle au premier rang!
Dignes fils des Brutus, à la belle Italie,
Rendons une patrie
Qu'il nous faut épurer d'un baptême de sang.
Au sabre, toutes nos batailles,
L'honneur est plutôt racheté :
Clairons sonnez leur funérailles;
Au sabre toutes nos batailles,
Voici la Liberté.

De leurs mousquets ne craignez pas les feux :
Les oppresseurs ont des armes tremblantes;
Sur leurs coursiers la peur monte avec eux;
Ils n'ont jamais que des balles sifflantes.
Voyez leurs escadrons : soldats, mort aux Germains!
En avant! En avant! Du joug de l'esclavage,
Brisé par le courage,
Dressons une colonne aux souvenirs romains.
Au sabre, toutes nos batailles,
L'honneur est plutôt racheté :
Clairons, sonnez leurs funérailles;
Au sabre, toutes nos batailles,
Voici la Liberté.

Le Dey de Rome, à la loi du canon,
De par le ciel, peut enchaîner la terre!
Du créateur il profane le nom;
Il veut de l'or en s'armant du tonnerre.
Jour affreux! Jour de crime! Isolta!.... Bernetti!....
Ah! ne cherchez plus l'homme où l'homme est sans parole!
Vengeons le Capitole:
Marchons, il a coulé le sang de Menotti.
Au sabre, toutes nos batailles,
L'honneur est plutôt racheté;
Clairons, sonnez leurs funérailles,
Au sabre, toutes nos batailles,
Voici la Liberté.

Lyon, imprimerie de D.-L. AYNÉ, rue de l'Archevêché, n. 3.

www.ingramcontent.com/pod-product-compliance
Lightning Source LLC
LaVergne TN
LVHW010406240826
846091LV00020B/2774
9782011769428